LA LOI
SANS MOTIFS,

OU

ÉTAT DE LA DISCUSSION
SUR L'EXPLOITATION
DE LA MINE DE VIC.

Que reste-t-il? La rue Chauchat, le puits Becquey!! (*Historique de la loi*, page 10).

PARIS,
ADRIEN ÉGRON, IMPRIMEUR-LIBRAIRE,
RUE DES NOYERS, N° 37;
PÖNTHIEU, LIBRAIRE, AU PALAIS-ROYAL.
M. DCCC. XXV.

6

TABLE.

On trouve chez le même libraire :

Etat de la question sur l'exploitation de la mine de sel gemme.

Coup d'œil sur l'exposé des motifs et le projet de loi relatif à la mine de sel gemme.

Préambule de la discussion sur le projet de loi relatif à la mine de sel gemme.

Historique de la loi proposée en faveur de la mine.

Analise du rapport fait à la chambre des pairs sur la mine de Vic.

AVANT-PROPOS.

La *loi sans motifs* a paru un titre dûment approprié à ce dernier écrit, après que deux cents pages ont été employées à réfuter ligne par ligne, tout ce qui a été dit en faveur de la mine; après qu'il est démontré que nul intérêt légitime ne sollicite et que l'intérêt public repousse son exploitation.

Et comment, contre les puissances de l'Académie, du conseil et de la tribune, un homme isolé a-t-il raison?

Par cela seul qu'il a saisi dans la question, tout ce qui y est, et n'a mêlé à la question, rien de ce qui n'y est pas; par cela même qu'il voit en dehors de lui, sans retour sur lui.

Lisez seulement: et ne pesez pas les noms, ne supputez pas les nombres: mettez que le débat se passe entre A et B.

Mais prenez la peine et le temps qui sont requis. La vérité ne se rencontre pas, la justice ne se répartit pas, sans quelque effort d'esprit, sans quelque force d'âme.

Voulez-vous faire bénir notre maître? rejetez.

Voulez-vous affliger des provinces, gratifier une compagnie, encourir quelque jour votre propre blâme? adoptez.

Le scrutin est ouvert; les boules pleuvent. En doit-il jaillir une loi? cela se peut.

Or, renversez l'urne : qu'y trouvez-vous ? Des votes de confiance, de condescendance; pas un vote de conviction, Tout motif manque.

Et pourquoi les formes parlementaires ne doivent-elles pas permettre d'appeler celui qui a posé l'État de la question, car il ne lui faudrait que peu de mots pour convaincre la commission, qu'un mot de plus peut-être pour dissuader le ministre : lequel n'a jamais été attaqué dans son intention mentale, et n'est blâmé qu'en raison du principe de ses systèmes, et du mode de leur application; lequel acquerrait un défenseur intrépide et indépendant enfin, dès le jour même où il daignerait se résigner, se limiter à la trop facile tâche, à l'unique tâche imposée au ministre de 1825, de laisser les esprits se livrer aux douceurs du repos, aux faveurs de l'espérance; de laisser les âmes s'abandonner aux inspirations légitimes de ces temps nouveaux; en un mot, de laisser la France, comme c'est son seul besoin, et tout son plaisir, jouir et aimer?

LA LOI SANS MOTIFS.

DU MINISTRE ET DE LA COMMISSION.

Voulez-vous entendre ? On ne sait trop.

Dans les débats politiques, il est d'abord traité des faits et des motifs ; mais sous les coups redoublés de la discussion, les uns et les autres sont bientôt réduits à néant : la question est comme dépouillée de l'enveloppe des choses. Et mise à nu, que montre-t-elle, qu'affiche-t-elle ? Un homme ! Rien de plus, et rien de moins ; car autrement la question n'eût jamais été soulevée. Or, que faut-il faire ? S'échapper de la lice, délaisser un triomphe certain : ou poursuivre le combat, saisir à bras-le-corps, cet homme qui se dissimulait derrière le rempart des sophismes ; et le presser, le pousser, le jeter la face contre terre. Peut-être hésiterait-on, s'il venait à crier merci ; mais comment le croire ? Comment ne pas craindre, au contraire, qu'il profite d'une trève mal avisée pour se revêtir d'armes nouvelles, d'armes mieux trempées; et même, car tant de choses se sont déjà vues, qu'il réussisse, au moyen de conjurations occultes, à voiler l'astre de lumière, à repousser ce monde au chaos des ténèbres, où il régnerait désormais à l'abri de toutes atteintes.

Telle est la réplique aux reproches de ces caractères, ou plutôt de ces caricatures politiques, nouveau genre d'animalcules rampans, et brillant encore de quelque lueur phosphorique, qui se procréent, se propagent entre les chairs meurtries, autour des plaies mal cicatrisées du corps social épuisé par de cruels combats, et menacé d'une dissolution prochaine, sorte de pourriture animée et organisée sous forme d'insectes, dont l'essaim s'immisçant peu à peu, et se repaissant, de préférence, en la substance des parties nobles, en ronge le tissu, le crible de ses morsures venéneuses, et le laisse bientôt privé de toute consistance.

Comment! disent ces gens, vous attaquez le ministre face à face, vous cherchez un sens à ses phrases, vous lui rétorquez ses argumens, vous prenez acte de ses désaveux, vous mettez à profit ses réticences : et qui pis est encore, vous donnez de la publicité aux paroles qu'il a laissé tomber, peut-être sans en apprécier le poids.

On les arrête ici. La véracité des rapports estelle déniée par qui que ce soit? Non sans doute : et plût à Dieu qu'elle le fût, car il n'a pas été avancé un mot dont l'évidence ne fût facile à démontrer par les discours officiels mêmes.

Mais fallait-il donc se taire sur cette rage endémique des compagnies privilégiées et monopoleuses, dont le poison qui dévora de tout temps la patrie, s'est inoculé aux époques de la terreur, sous l'abri de la loi du maximum, aux phases de la victoire, sous le mode des licences, et reparut plus contagieux que jamais, l'année passée dans le dessein d'exploiter les épargnes fondues en la dette publique; cette année même, avec l'intention d'expulser d'antiques propriétaires, et d'infecter d'immenses contrées?

Fallait-il dissimuler comme quoi certain personnage, ne tenant qu'à faire de l'effet, à se donner du mouvement, à brouiller et troubler tout, comme si c'était la condition essentielle de son existence, et apparemment, ne recueillant pas en son propre fonds les moyens nécessaires pour atteindre à ces fins, se laisse induire, exciter, exalter par les intrigues de telle et telle compagnie; et bien qu'il ait résisté au premier abord, devient bientôt, ainsi que tous les nouveaux prosélytes, le plus ardent promoteur naguère de la réduction des rentes, dont un écrit récent, tracé de main de maître, d'une main paternelle, nous a révélé le primitif auteur, maintenant de l'extraction des sels de mine, à l'égard desquels la notice des inventeurs dévoile assez le seul intérêt qui puisse s'y rapporter?

Et faudrait-il, grands dieux, briser sa plume, avaler sa langue, torturer sa conscience, jusqu'à ne pas publier sur les toits, la vérité, la vérité inouïe, autant qu'odieuse, que toutes ces bandes noires, uniques en leur sphère, et investies du monopole, à la différence des compagnies anglaises, qui, agissant sous une pensée et sur d'immenses trésors, se présentent en nombre, en concurrence, au marché de la consommation; que ces bandes noires, chemin faisant sur la grande route de la fortune, ne laissant pas cependant de jeter un regard de convoitise, quelque peu en arrière de nos temps, se rencontrent dans une intention commune, et se portent avec fureur au grand œuvre de nous ramener au niveau de leurs ignobles penchans, et de troubler, de détruire et cette paix des esprits qui renaissait sous les plus heureux auspices, et cet espoir d'un avenir meilleur, dont se berçait l'avide imagination, et ces sentimens d'amour et de foi, par lesquels s'identifiaient les peuples avec leur Roi, avec Charles le Français.

Non, on ne devait pas se taire : non, on ne devait pas ménager et respecter ceux qui ne ménagent et ne respectent rien. Que ne conseillez-vous plutôt à vos maîtres de s'esquiver enfin, de se retirer au loin, ô vous qui ne courez pas le risque de manquer jamais d'une anti-chambre, où faire les valets!

Eh! pour peu qu'un dernier souffle de pudeur prête à expirer, vînt à poindre, à surgir aux arcanes ténébreux de leur conscience, ne verraient-ils pas aussitôt quelle animadversion universelle s'élève, s'irrite, s'exaspère de jour en jour contre leurs personnes; et frappés de crainte, que son expression peut-être trop âpre ne dût susciter quelque trouble en l'âme de notre Roi; frappés de terreur, qu'au moment où il plairait à sa volonté suprême de composer un ministère nouveau, on ne pût croire qu'une influence eût été exercée sur elle par le concours spontané des voeux et des espoirs, chose la plus triste et la plus funeste, chose qui ne laisserait à l'opinion royaliste, qu'à pleurer sur son triomphe, qu'à jeter un long cri de regrets et de douleurs, en place des bruyans accens de la joie; ne se porteraient-ils pas d'eux-mêmes, et en grande hâte, à délaisser leurs fonctions, expiant en la seule façon possible, l'immensité du mal qui aurait été ébauché, par l'impuissance où ils se mettraient de l'aggraver encore, de l'accomplir enfin?

«Comment! reprend l'engeance des caricatures

politiques, vous avez pénétré malgré les gonds, jusque sous la table de la commission, ou sur les épaules de ses membres; et vous venez, Prométhée nouveau, dévoiler, divulguer les grands mystères. »

Voyons d'abord, car le sujet est ici moins solennel, attendu que la commission va et vient, et non pas le ministère. A-t-on menti? Ce serait la première fois. S'est-on trompé? Certes, ce ne sera pas la dernière fois. Or, on baissera pavillon, on fera amende honorable, pour peu qu'il y ait dénégation formelle, seulement de la part des cinq commissaires; et de plus on jurera de ne parler désormais d'aucuns secrets, sauf qu'ils n'aient été au préalable affichés sur les murs de la capitale, avec le visa *ne varietur* du président du conseil.

En attendant, est-ce donc un forfait pour commencer par la moindre peccadille, d'avoir prévu à part soi, que le rapport prononcé le 25 ne serait inscrit au Moniteur que le lendemain de l'ouverture de la discussion, et de s'être assuré de l'obtenir aussitôt sa distribution, à l'effet d'en publier l'analyse critique, à la pointe de l'aurore qui devait éclairer le jour fatal?

Est-ce un forfait que d'avoir, au sein même de la commission, extorqué quelques dénégations vraiment dignes de foi, et d'un signataire de certain rapport fait à l'Académie et de l'orateur de certain exposé fait à la Chambre, sans autre magie que de faire passer, sous leurs yeux, la réfutation de ces documens officiels ?

Mais il paraît qu'on est accusé de délits bien plus graves. Et personne n'ose les énoncer ; comment des bouches si pures iraient-elles répéter, des blasphêmes, peut-être. On recherche sa coulpe et à grande peine, car il ne reste que la mémoire du cœur.

Serait-il donc possible qu'on eût écrit que la commission voulait des garanties, exigeait ceci et cela, et n'obtenait ni ceci ni cela, et n'en allait pas moins tout droit son chemin.

En effet, ce serait très-mal, surtout si c'était vrai ; et si ce n'était pas vrai, l'apparence aurait été bien décevante, à voir la commission s'assembler tant et tant de fois, s'ajourner de jour à autre, appeler le ministère dans son sein, et sitôt après sa bienvenue, détacher le rapporteur à la tribune, avec le projet enjolivé d'un article de convention, qu'un seul de ses membres a loyalement défendu.

Sont-ce là des blasphêmes ? cela dépend de l'entente : quant à soi, il n'y a moyen de les dénier, ni désir de les pallier.

Un secret a-t-il été trahi ? On est d'accord. Mais celui qui l'a trahi, c'est celui à qui il était confié ; une autre fois, mettez un cadenas aux bouches. Faites mieux encore ; il existe un préservatif certain. Voulez-vous que les secrets ne soient plus trahis, plus divulgués ; qu'il n'y ait plus de secrets.

Et s'il vous faut des secrets, que ce soit pour le ministre, car il est partie plaidante, car il n'a rien à vous apprendre qu'il ne puisse apprendre à la Chambre, car il aurait peut-être quelque influence ou sur l'un, ou sur l'autre, ou sur chacun de vous, de sorte à troubler la rectitude de votre jugement : mais que ce ne soit pas à l'égard des personnes instruites ou intéressées, que ce ne soit pas par répugnance à peser des documens, à vérifier et confronter des analyses, que ce ne soit pas avec un sentiment d'horreur pour ces amples et profondes enquêtes ; sur faits et articles, sans lesquelles, de l'autre bord des mers, nul ne saurait comment baser et asseoir l'édifice des rapports. Ces Anglais sont si bêtes !

Et s'il vous faut des conciliabules, au lieu et place des enquêtes, on sait se prêter aux faiblesses humaines ; on y consent, seulement avec quelque altération dans le mode apparent. Ne soyez plus commissaires, et faites-vous commis : vous penserez de même sous la dictée ; la plume fera l'office de la langue : et tout ira comme tout va.

Cela vous rit, ce semble. Aussi bien, à quoi servent les Chambres ? La vieille France s'en est si bien passée pendant de longs siècles. Nous les mettons de côté.

Pourtant, il n'y a plus d'Etats ni de parlemens, plus de provinces ni de communes, plus de corporations d'aucune sorte, plus d'associations d'intérêts où chaque membre portait ses lumières, et d'où il empruntait sa force. La massue a tout écrasé, tout anéanti : la société est tuée en bloc, est saignée au cœur. Et l'impulsion vitale n'étant plus transmise à ces membres épars, ceux-ci ne conservent une ombre d'existence que par l'effet de cette irritation organique, assez analogue à celle qu'excite le galvanisme sur des cadavres encore frais.

Or comment s'en trouveront vos ministres : qu'ils y pensent, car on n'est pas tenu à bâcler leurs affaires sans qu'ils s'en mêlent. Régneront-ils, ne régneront-ils pas? Grande question! Eh oui, oui, sans doute, pour peu cependant qu'il soit tout-à-fait apocryphe, que l'église et l'armée, que la justice et les lettres, que la propriété, et l'industrie, et le commerce se trouvent au plus mal disposés à leur égard : car alors, s'ils se plaignent et craignent déjà, combien ils auraient plus encore à se plaindre et à craindre !

Se peut-il qu'ils aient oublié l'histoire des Maupeou, des Terray, des Brienne? Se peut-il qu'ils ignorent quel flux d'opinion mina et sapa leur puissance, opinion indomptable, irrésistible, aussitôt qu'il n'y a plus moyen de l'amincir et de l'atténuer en la faisant passer par la filière des Chambres; qu'il n'y a plus moyen d'opposer à son feu redoublé, ces fascines, ces gabions législatifs, qui amortissent, au moins pour un temps, la violence de la balle.

Enfin, le veulent-ils et le voulez-vous? On le veut aussi : et c'est de grand cœur, préférant encore cette simple tentative d'assassinat envers la monarchie, dont la réussite est au moins incertaine, au flagrant délit, avec ou sans préméditation, qui la menace, la poursuit et l'assaillit depuis ces derniers temps.

Et chacun ne voit-il pas, de quelle intensité de force, de quelle persistance d'action, est doué le lévier du gouvernement représentatif : chacun ne voit-il pas que ce lévier, déplacé par les arts de la déception et de la dépravation, et passant aux mains du ministère, n'est plus qu'un assommoir, sous lequel périraient et les mœurs politiques, et les libertés publiques, et l'autorité royale.

Donner et retenir ne vaut. Dire aux peuples : vos députés n'entendront qu'à vos intérêts; et dire aux députés : vous n'écouterez que notre volonté; et dire au souverain : les députés vous apportent les vœux de vos peuples : cela passe toute idée.

Or, qu'aviez-vous avant ? Un écrivain célèbre l'a dit : un trône en l'air, sur deux Chambres en l'air. Qu'aurez-vous après? Un trône dans le vide! Est-ce trop encore ?

SUR LA DISCUSSION A LA CHAMBRE DES PAIRS.

De même que la peinture, la politique a ses maximes de convention, lesquelles étant admises au préalable et tenues pour axiomes, doivent contraster fort par cela même, avec le caractère des vérités, car celles-ci ne s'infusent point ainsi dans l'esprit et ne s'obtiennent que par une lente et pénible élaboration.

Les pairs sont des hommes : voilà leur excuse, comme voilà la sienne. Et pourtant il n'eût pas été parlé de la discussion sur le sel gemme, si l'exemple n'était peut-être appelé à servir de leçon.

Un axiome a prédominé, sans être contesté par personne, que la mine ne pouvait rester ensevelie dans les entrailles de la terre, comme il est dit dans l'exposé des motifs; axiome qui sous-entend que la mine est, abstraitement parlant, un puits d'or, qu'elle est essentiellement une richesse, quand même ses provenances extraites au-dehors ne seraient point des richesses, puisqu'il y a trop de sels et que leur prix est au plus bas; quand même le travail appliqué à sa fabrique serait une *contre-richesse*, puisqu'il abolirait une quantité décuple de travail ; axiome dont les prévisions sont grandement exposées à recevoir un démenti, par l'abandon très probable de la mine, après qu'elle aura causé beaucoup de plaintes, de craintes et de pertes, mal compensées, sans doute, par les profits les plus illicites. (*Etat de la question, page* 77.)

De plus, ont passé sans mal encontre, maints autres axiomes d'ordre secondaire, savoir : que le pouvoir législatif était tenu à délaisser aux bons soins de l'administration, éclairée par les conseils de la compagnie, pour un siècle d'années et pour deux millions d'hommes, la tâche de surveiller la nature des substances salées, mises en circulation, ainsi que cela s'opère depuis long-temps, sans nul inconvénient, comme chacun sait, et que cela s'opérera avec plus de sécurité encore, au moyen de la concurrence du sel gemme, comme il est évident.

Savoir, ou que le maximum alloué à la régie, ne constitue pas un impôt, et qu'ainsi il peut être tacitement adopté par la Chambre, légalement réglé à la volonté de tout ministère ; ou que le maximum constitue un impôt, et que néanmoins il doit être adopté et réglé en la même manière : sur lesquels points on est forcé d'employer la particule dubitative, attendu qu'en ce genre d'axiomes qui se procréent spontanément, au creux du cerveau, les patiens même seraient en grande peine d'en définir et d'en préciser le sens absolu, n'étant appelés qu'à saisir, à appliquer leur résultat, qui en tous cas est identique.

En fait d'axiomes, la discussion commence toujours par se fermer ; maintenant elle va s'ouvrir, d'abord dans les intérêts de l'Ouest, puis dans ceux de l'Est.

La question a été bien entendue par le premier opinant, sauf que, dans la thèse des marais salans, il n'a présenté que des moyens de justice relative, toujours susceptibles de controverse ; au lieu de l'asseoir, de la fonder sur ce motif éminent d'intérêt public, que leur somme de travail était décuple, que leurs sels étaient préférables, que la quantité suffisait, et que le prix ne pouvait baisser.

Le quatrième opinant, fatigué sans doute des contrariétés subies au sein de la commission, s'est confiné également en cette défense trop étroite ; et s'est borné à réclamer que nulle clause du bail ne pût être altérée sans une loi ; amendement qui ne portait point de garantie aux marais salans, pour peu que le ministre eût omis d'insérer au cahier des charges, que le trésor jouirait d'une part dans les bénéfices nets de la régie. (Analyse, page 5.)

A l'égard de l'Est, le second opinant exalte la

prospérité qui résulte de l'exploitation des sources salées, et passe sans transition à la prospérité qui résultera de celle de la mine; laquelle mine cependant débute par anéantir les sources salées et ne les remplace nullement, à moins qu'elle ne raffine tous ses sels, soit pour la vente des bois, soit pour le salaire de la main d'œuvre.

Il est charmé surtout de la vivification du pays, par l'ouverture des canaux, comme si ces canaux étaient faits, comme s'ils étaient faisables sur la ligne de Strasbourg, pour l'épargne du transport de cinquante mille quintaux de sels; sur la ligne de la Belgique, en concurrence des sels de Liverpool et en dépit des lois de douanes; enfin, devers l'intérieur, avec le risque d'appeler jusqu'aux pieds de l'usine les excellens sels de la Méditerranée; comme si les canaux déjà faits ne sont pas ici à refaire, étant minés par le temps, là à défaire, étant dénués de commerce, attendu qu'en un pays agricole comme la France, les rivières mêmes sont délaissées pour la voie de terre, tellement que de Châlons à Paris et de Paris à Châlons, pas un grain de sel ne s'est encore aventuré sur la Marne.

Le quatrième opinant, plein des mêmes idées, abandonne en faveur de la perspective des canaux, l'espoir de la réduction des prix, deux valeurs imaginaires en effet, entre lesquelles l'esprit n'a à se décider qu'en rêve; du reste fort éloigné de soupçonner que le prix des sels ne dépend ni des marais salans, ni des sources salées, ni de la mine; ne dépendrait pas même d'une pluie de sel, à moins de mettre la marmite sous les égouts, puisque le coût de fabrique n'entre dans le prix vénal que pour un vingt-cinquième, à raison de la taxe et du transport. (*Etat de la question*, page 51.)

Ici apparaît dans la lice, où jusqu'alors les champions ne combattaient qu'au fleuret, un athlète bardé de fer, dont chaque coup emporte la pièce.

« Le maximum constitue un impôt; il serait juste de répartir cette surcharge sur toute la France..... Les débouchés extérieurs nous sont fermés par les frais de transport.... Le bail des salines était contracté pour quatre-vingt-dix-neuf ans et est résilié au bout de dix-huit...... Le maximum alloué à la régie a été élevé de 12 à 18 fr. par ordonnance..... La régie débitait ses sels, sur les lieux, au prix de 17 fr., et en Franche-Comté au prix de 8 à 9 fr., afin d'empiéter sur les sels de mer..... En 1806, huit jours après la passation du bail, une taxe de 2 fr. par quintal obligea les possesseurs de sources salées à les céder à la régie pour trente ans. »

On ne peut se refuser à transcrire deux passages de son discours.

« Enfin, s'il était vrai que la fixation d'un maximum, dût être un remède au monopole, et dût, comme le dit la commission, *l'empêcher d'être préjudiciable aux habitans de l'Est*, il devrait être connu; il devrait être la base de la discussion; il devrait faire partie de la loi, puisqu'en matière d'impôt, et d'un impôt qui serait établi pour quatre-vingt-dix-neuf ans; la puissance législative ne pourrait abandonner à l'arbitraire des administrations qui se succèderont, le moyen d'augmenter ou de diminuer l'impôt sans leur concours; de rendre à leur gré, le monopole plus ou moins préjudiciable aux contribuables, et plus ou moins utile aux compagnies, en haussant, baissant, ou supprimant le maximum qui deviendrait la mesure de la surcharge des peuples, et des bénéfices des compagnies.....

« Je ne puis cependant ne pas dire, que dans tous les cas, il y aurait bien des inconvénients à autoriser un bail de quatre-vingt-dix-neuf ans, pour un objet aussi important que celui de l'exploitation de toutes les mines de sel gemme qu'on suppose exister en France, lorsque la qualité de ce sel n'est pas encore bien connue; lorsqu'on ne peut savoir encore la quantité à laquelle sa fabrication pourra s'élever, et celle de sa consommation; lorsqu'on ne peut établir de calculs sur les résultats de la confection d'un si grand nombre de canaux, et de moyens de nouvelles communications; et lorsque les frais d'extraction et de fabrication, qui sont un des élémens essentiels des calculs pour l'établissement d'une régie intéressée, ne peuvent même être encore appréciés. »

Maintenant le ministre va parler, mais ce n'est pas pour répondre. Voici celles de ses phrases qui semblent les plus corrélatives aux objections de son prédécesseur.

« Le monopole est borné par la concurrence des sels de mer... Le prix de bail qui aura pour base un maximum de vente et un minimum de quantité, écartera les dangers du monopole.... La charge imposée aux sels de l'Est, n'est qu'une espèce de contre-poids pour les empêcher de faire irruption dans le domaine d'une autre industrie... L'intérêt du fisc n'est ici qu'en dernière ligne, car à peine retirera-t-il du nouveau bail, ce qu'il retirerait de l'ancien, à peine pourra-t-il reporter à son taux primitif, le fermage déjà diminué d'un tiers et que l'obligera de réduire encore, la quantité chaque jour moins considérable des produits exportés. (*Moniteur* du 4 février).

SUR L'EXPOSÉ DES MOTIFS A LA CHAMBRE DES DÉPUTÉS.

Voyez *le Moniteur* du 6 février, à la seconde colonne, rapport orné d'argumens, et la loi soumise au scrutin, à l'effet de sanctionner un échange d'immeubles montant à 700 fr., avec l'abandon de la soulte de 70 fr. au profit de Loudun; et, à la première colonne, un exposé dénué de motifs et un projet en deux lignes, à l'effet d'autoriser tout ministère, pendant un siècle, à régler et troubler à son bon plaisir, les droits d'une immense consommation et d'une production immémoriale (*Historique*, page 5) : comme s'il y avait jamais du risque à ce que les conseillers du Roi fussent tentés de piller ou laisser piller leur maître, sous la due concurrence de 70 fr., voire même de 700, 7,000 70,000 fr. une fois payés : comme s'il y aura toujours des garanties qu'un cabinet quelconque ne serait pas induit, ou par faiblesse ou par connivence, à gratifier une compagnie unique de maints et maints millions par an, en jouissance emphytéotique, au détriment des intérêts d'une foule d'individus.

Passons là-dessus. Cette fois, l'exposé des motifs est court, bref et sec, soit que le triomphe ait paru acquis d'avance, sans se mettre en frais d'éloquence, soit que l'exposé fait aux Pairs doive venir en sorte de commentaire perpétuel, pour l'intelligence du sommaire délivré aux Députés.

Mais, dans cette dernière supposition, il eût été équitable peut-être d'y joindre, à titre d'appendix, l'antidote dudit commentaire, ou le *Coup d'œil* sur l'exposé, de manière que la discussion aurait pu se tramer à huis clos, et sans langue délier, par le débat mental de ces deux documens.

Et cette réticence est entachée de quelque peu d'ingratitude : car il appert évidemment, que ce *coup d'œil* a donné une autre face à la question. Dans le nouvel exposé, il n'est plus parlé de l'industrie stationnaire des marais salans, de la diminution de leurs exportations, de l'affranchissement du tribut payé aux mines du Portugal; il n'est plus dit que la mine ne pouvait rester ensevelie dans les entrailles de la terre; que le monopole d'une compagnie laisse à l'industrie le soin de réduire les prix; que la fixation d'un maximum, triple du coût véritable, rétablira l'équilibre entre les prix de l'Est et de l'Ouest; il n'est plus prescrit de resserrer la discussion sur la fixation du terme du bail, ni affirmer que le projet est un acte de faveur pour un grand nombre de départemens. (Coup d'œil sur l'exposé).

Encore deux ou trois chambres et deux ou trois exposés de plus, il ne serait resté rien à dire à la tribune, rien à faire qu'aux boules blanches et noires.

Cependant une conception du plus grand style, bien que d'ordre composite, prédomine et se projette en avant-scène de l'œuvre quelque peu mesquine, dissimulant à propos les second et troisième plans, et laissant le regard se perdre dans une perspective vaporeuse, à peu près comme le soleil à son lever obscurcit l'éclat emprunté des planètes, ou comme la resplendissante renommée du président des ministres repousse sous les ténèbres tant de subalternes renoms.

L'idée mère, si prolifique en ses conséquences, est ébauchée aux trois premiers paragraphes, attendant le dernier coup de pinceau de l'antépénultième.

« Nos exportations ont été et vont être encore réduites par la découverte de sources plus riches en salure... Il faut chercher les moyens de reconquérir à l'étranger les fournitures que nous y avons perdues. »

Or, ces sources sont des mines de sel gemme que les Allemands ont le bon esprit de traiter par la voie de dissolution. Voilà ce que veut dire le Ministre.

Or, ces fournitures ne sont point perdues par la concurrence desdites mines, au moins sur la Moselle et sur la Meuse; mais bien par la clôture hermétique des barrières de douanes, opérée en vertu de la droite loi du talion, et de plus par la maudite alliance formée des mains de la nature, entre l'Océan et les fleuves de l'Est; et, de plus, par l'ascendant progressif du commerce anglais. Voilà ce que le Ministre ne veut pas dire.

Sous ce rapport, avez-vous lu le discours de l'ancien Ministre des finances? Non. Eh bien, lisez : oui; eh bien, relisez; car il n'y a que lui qui ait encore parlé.

Tel est le premier motif qui milite en faveur de la mine dans l'exposé.

Le second motif est extrait de la réduction du prix des sels dans l'Est, laquelle doit provenir de la baisse du coût de fabrique, secondée par l'ouverture de quelques canaux, et sera garantie par l'Etat, *comme une juste part dans les bénéfices de la découverte*, au moyen de la stipulation d'un maximum.

Or, la baisse du coût de fabrique n'existe réellement qu'entre le sel gemme blanc pur et les sels de chaudières; elle est nulle, des sels raffinés de la mine aux sels raffinés des sources, et n'est qu'apparente des autres sels gemmes à ces derniers sels, à cause de leur impureté.

Or, la dépense des canaux ne peut être supportée par la modique épargne du transport des sels.

Or, le maximum ne garantit point aux habitans de l'Est une juste part dans les bénéfices de la découverte, laquelle juste part consisterait tout simplement en ce qu'il n'y eût plus de maximum, et s'attribuerait, au moyen des sources salées, tout de même qu'à l'aide de la mine.

Et ce maximum, qui pour l'instant sera peut-être réduit de trois francs par quintal, pourra être aggravé au premier jour de cent sous et de dix francs, pourra être infligé en raison inverse des distances, étant protégé par les frais de transport, par la barrière des douanes, et n'étant point limité ni réparti dans la loi.

« Mais, ajoute le Ministre, il serait impossible d'entrer en ce moment dans le détail des clauses du bail; qu'il nous suffise, etc. »

Certes, si le Ministre parle des clauses du bail actuel, il a bien fait d'en rester à ces mots magiques : *qu'il nous suffise* etc., etc.; car, sur ce point, l'affirmation est plus facile à fournir que la démonstration; et, s'il parle des clauses futures, contingentes, éventuelles, aléatoires, etc., il a mieux fait encore : car il n'y a moyen ni à lui, ni à qui que ce soit d'en limiter l'amplitude et la latitude, à en juger par les révélations de l'ancien Ministre des finances, sur l'incommensurable élasticité dont est susceptible un bail de dix-huit années seulement.

C'est sur le même ton, et toujours à la manière des oracles, que le ministre prononce comme quoi le résiliement du bail des salines était inévitable et devait être remplacé par leur concession réunie à celle de la mine : sans doute parce que les raisons ne se présentaient pas en nombre ni en poids pour motiver cette double opération.

En effet, quant à l'intérêt du fisc, qui du reste est tenu en dernière ligne, car le Ministre l'a dit; le Ministre a dit aussi à la Chambre des Pairs, qu'il y aurait peu à gagner et peut-être à perdre, dans la substitution du bail nouveau à l'ancien.

Et le Ministre a bien dit cette fois, puisque les sels raffinés de la mine coûtent autant que ceux des salines, et que le sel gemme ne se vendra jamais à l'étranger et dans l'intérieur au-dessus de deux francs le quintal, pris sur les lieux, sur quoi les frais sont à déduire.

L'opération n'est pas calculée non plus dans l'intérêt de l'Est, dont la juste part dans les bénéfices de la découverte se réduit, dans le thème actuel, à la faveur d'être sustenté en sel gemme plutôt qu'en sels raffinés; d'une part, sous la diminution passagère de trois francs par quintal; d'autre part, avec l'application permanente de la taxe, sur un dixième de matières siliceuses ou sulfatiques.

Il ne reste plus au soutien de l'opération que l'intérêt des marais salans qui, jusqu'à cette heure du moins, avait oublié de la provoquer, et qui se serait passé fort bien du contre-poids que doit offrir la charge imposée aux sels de l'Est; pour empêcher l'irruption de son domaine, ainsi que *de la prime la plus élevée* qu'il puisse obtenir contre l'envahissement de ses marchés.

Mais est-il bien évident que cette prime soit exclusivement attribuée à sa garantie, et ne soit pas combinée au contraire dans la vue d'assurer des profits où il n'a nulle part.

S'il fallait en croire le discours de l'ancien ministre, la moitié des bénéfices revenant à la régie montait à plus de six francs par quintal, à trois millions pour cinq cent mille quintaux, tellement que ses actions se sont élevées de cinq mille à huit et neuf mille francs; et, sans faire injure à la Compagnie de la mine, il est probable qu'elle entendra aussi bien son affaire, de sorte qu'en dernière analise, dans le compte réel des caisses, la gabelle de l'Est aura été prorogée, du moins en partie, pour son lucre particulier.

Que de choses donc en cette matière qu'il est si

facile d'exposer sans motifs à la tribune des Chambres et de couler à fond dans l'urne du scrutin, sous une grêle de boules plus ou moins blanches, et qui aurait requis tant de loyauté et de sagacité dans les conceptions, pour la conduire au port où l'appellent les vœux réunis de l'Est et de l'Ouest.

Maintenant, l'intérêt des marais salans, que ce soit ou par pudeur ou par prudence, dispensant cordialement le Ministre de se mettre en frais de phrases oratoires et ostentatoires, tend à repousser cette espèce de contre-poids, à rejeter cette sorte de prime que l'Est doit subir, à l'effet de garantir l'Ouest.

Et s'il est dit que les destinées de cette première région doivent être tranchées et se flétrir sous les ciseaux de la parque fiscale, il se borne à déclarer qu'un bail que rien ne garantit, ne lui garantit rien, et qu'à défaut de la limitation de la quantité des sels, un prix qui ne serait pas fixé à raison de chaque quintal extrait de la mine, ne lui garantit rien.

DU POINT VITAL DE LA QUESTION.

Ecoutons la bêtise : car d'autant qu'il est facile de confondre ses dires, d'autant il est impossible de les présumer à l'avance.

La bêtise est catégorique de son essence, elle procède par la voie de syntèse et ne se départ jamais du mode de l'absolu. Rien ne fait doute ; c'est le premier point de sa doctrine : il n'existe aucun terme moyen, aucun intervalle entre les extrêmes ; c'est le vide même qui tranche de telle à telle opinion.

Cela est blanc ou cela est noir, il fait jour ou il fait nuit : voilà où se limite sa science, où se confond son génie. Et à Dieu ne plaise qu'elle soit tentée de rechercher, quand, comment et pourquoi, certaine forme d'idée plutôt que la forme contraire, s'est ingérée et figée en son cerveau : ce serait trop fatigant.

Or, sur le point capital de la question actuelle, que dit et redit la bêtise, car pour elle c'est tout un.

« L'État est propriétaire de la mine, et tout

propriétaire a le droit d'user et disposer de sa chose, de l'affermer ou l'aliéner à tel prix, tel terme et telles clauses qu'il lui plaît. »

Voilà les prémisses, et voici les conséquences : car la dame est toujours en selle sur le dos de quelque syllogisme, fût-il *in baroco*, tout comme était Sancho sur le dos de son baudet.

« Donc l'État n'établit point un impôt sur les habitans de l'Est, en affermant la mine aux enchères, et leur accorde plutôt une faveur en fixant un maximum, sans fermer leur marchés à la concurrence des sels de mer.

Ici on a prêté aide à la bêtise, qui ne s'était pas encore avisée de mettre en avant cette apparente concurrence : il le fallait, car autrement, il n'y avait rien à quoi épondre.

Cependant tâchons de définir les mots, puisque sous les mots il doit se rencontrer des choses et telles choses plutôt que telles autres, puisqu'il est requis en bonne logique, d'apprécier le sens qu'indiquent les mots, au-dessus du son qu'ils transmettent. On le sait assez, c'est courir d'autant plus le risque de n'être pas entendu, mais peut-être est-ce le seul moyen de s'entendre soi-même, ce qui fait compensation.

Qu'est-ce que l'État ? Un être abstrait, un signe collectif, un titre de catégorie.

Et qu'est-ce que la propriété ? Ici l'immortel

Essai sur la propriété (1), n'est d'aucun service, car il ne traite que de la propriété qui est vraiment propriété, de la propriété résidente aux mains des particuliers, soit par transmission à titre gratuit, soit par acquisition à prix d'argent.

Il est vrai que l'État peut se ranger par fois dans l'une ou l'autre de ces classes, mais par accident, par exception, car de même qu'il est comme de l'essence de l'individu, que la propriété lui soit adhérente ou plutôt inhérente, puisqu'il ne doit d'exister, qu'à son emploi; de même il est contre la nature de l'Etat, il est en dehors et à l'encontre des lois de son être, qu'il se trouve ou se rende nanti de la propriété, attendu que son existence n'en dérive pas, et que l'existence des membres dont il se compose en souffrirait les plus rudes atteintes.

Voilà donc que l'Etat est dûment dépouillé, non pas du fait accidentel de la propriété, mais de l'incommutable, de l'inviolable droit de la propriété.

Et quel bonheur, au moins pour nos neveux dont les larmes seront séchées peut-être! puisque c'est par l'exercice du droit de propriété de l'Etat, que nos églises, et nos hospices, et nos communes sont réduits à tendre une piteuse main, puisque la loi est tellement en peine pour expier une sorte

---

(1) *Essai sur la propriété*, par Bergasse. Paris, A. Egron, rue des Noyers, n° 37.

de spoliation, qui n'est pas la seule à mériter son attention.

Mais si l'exercice de ce droit ne saurait s'accomplir de nos temps, avec une telle pompe d'autels, avec un tel faste de victimes, trop au-dessus des moyens et des vœux de ce quart de siècle; tremblons cependant et prenons bien garde qu'en s'immisçant sous l'ombre dans les rapports de l'Etat avec les particuliers, il ne s'y établisse, s'y agrandisse, s'y consolide en une périlleuse façon.

Eh bien! comment l'Etat est-il, non pas propriétaire, car les conditions de la propriété ne s'y rencontrent pas, mais bien possesseur, par cela qu'il en tient la jouissance sans crainte de revendication; d'abord, des sources salées, puis de la mine de sel gemme? Pour l'une comme pour les autres, ce n'est que par la voie de main mise, de préhension, d'attribution à lui, par lui.

Quant aux sources salées, si le temps n'avait passé par dessus, on dirait qu'il y a eu expropriation des premiers occupans: et on voit dans le discours de l'ancien ministre des finances, que ce mode d'opération se poursuit avec constance, puisqu'il a été infligé une charge de 2 francs par quintal, aux possesseurs de quelques sources restantes, afin de les forcer à céder leurs droits à l'Etat.

Quant à la mine, c'est toute autre chose. Pourquoi l'Etat est-il autorisé en justice même, à s'en dire, à s'en faire propriétaire? Eh non, ce n'est pas en vertu de la loi de 1810 qui n'y pouvait rien, et ne le veut pas du tout, quelques tortures qu'on lui fasse subir; ce n'est pas encore, parce que le fond et très fond du globe est hors du domaine des individus, lesquels ne se repaissent qu'à sa surface et n'extraient leurs droits que du besoin de se repaître : ce n'est pas seulement par cela, que la mine n'étant à personne, revient à l'Etat en forme de déshérence, par cela qu'appartenant aussi bien à mille personnes qu'à une seule, et à un million qu'à un millier de têtes, elle appartient aussi bien et mieux encore, aux trente millions des membres de l'Etat, donc à l'Etat.

Un motif transcendant d'économie politique et morale, plane et domine au-dessus de tous ces moyens de chicane législative. La mine est une mine de sel, et le sel est un aliment; et l'aliment fait l'existence et les existences font la société.

De là, l'Etat se trouve de prime abord, saisi d'un devoir et investi d'un droit, l'un et l'autre concordans et coïncidans, qui se résolvent sous la loi prééminente de la police alimentaire et sanitaire; police qui se retrouve en tous lieux et de tout temps, qui se dispensait chez les Juifs et les Romains, ainsi qu'elle se dispense à Constantinople; police qui devient d'autant plus indispensable, en raison de l'entassement des hommes, car la liberté absolue sur le marché des subsistances, se prête aux discours de théorie et se refuse aux actes de pratique, justement comme la liberté radicale, sur la place des élections.

Or, c'est en vertu du droit et du devoir de la police alimentaire, que l'Etat est obligé, autant qu'autorisé, à évincer si besoin est, les inventeurs de la mine, avec une indemnité préalable s'il y a lieu ; attendu que cette source de produits hétérogènes étant sortie de ses mains, étant abandonnée à une compagnie unique, il serait impraticable de régler, de surveiller leur exploitation, toutes les lois et toutes les ordonnances de ce bas monde se trouvant de même sorte que les toiles d'araignées où la mouche est prise, et qui n'arrêtent pas le frelon.

Sans doute, leur vertu est moins efficace pour absoudre l'Etat de la dépossession exercée par la voie du vol sur les premiers occupans, et par les arts du dol sur les derniers exploitans des sources salées de l'Est ; car dans ces deux cas, il y avait concurrence qui réprime, au lieu du monopole qui domine ; car il n'y avait plus à se débattre contre une compagnie puissante et prospère. Mais en outre de la découverte de la mine, qui écraserait toutes ces petites fabriques, l'impôt établi sur les sels, tranche et sabre la question, à la manière accoutumée de son digne auteur. (*Etat de la question*, page 66.)

Ainsi nul droit n'est conféré à l'Etat sous ce rapport, que pour le mettre à même d'accomplir un devoir collatéral ; et s'il manque au devoir, le droit lui est retiré.

Que la bêtise ne vienne donc plus, prenant ce ton solennel, qui est son ton familier, nous dire : « L'Etat concède la mine comme il afferme ses terres, comme il vend ses bois, au plus haut enchérisseur, sans qu'il lui soit reproché d'augmenter le prix vénal de leurs produits par l'élévation du prix de l'adjudication ; »

Eh! chère bêtise, les bois se mangent-ils, et ces terres grasses et noires prétendent-elles à s'insinuer en façon d'alimens, ainsi que les terres salées de la mine?

Chère bêtise! n'existe-t-il pas d'autres bois vendus et d'autres terres affermées dont les coupes et les moissons accourent sur le marché, rétablir le juste équilibre?

Chère bêtise! te serais-tu portée à solliciter Hugues-Capet, qui possédait l'Ile-de-France en entier, dans des temps où chaque contrée était fermée à la contrée voisine, d'imposer sur ses tenanciers des redevances exorbitantes, en leur donnant le pouvoir de débiter les blés à un taux de convention déguisé sous le nom de maximum, lequel a l'air de dire : le prix ne dépassera pas tel taux; tandis qu'il dit en effet : le prix ne tombera jamais au-dessous de tel taux.

Or, mettez notre Charles en place de son aïeul, celui-ci qui donna naissance, celui-là qui prête vie, à la patrie; et substituez les sels aux blés, les provinces de l'Est à l'Ile-de-France. L'identité est parfaite.

Au lieu de ces barrières féodales dont était entouré le duché de France, il existe autour de ces provinces une circonvalation de barrières également hermétiques; celles des distances et celles des douanes. Et à Dieu ne plaise qu'on se plaigne des premières, car jamais le royaume s'étendra-t-il assez pour rallier un digne tribut d'amour et d'espérance, devers le trône de grâce et de bonté.

Mais les barrières de douanes! n'est-ce pas l'Etat qui les établit, qui les resserre de jour en jour, au moment même où les ministres affichent dans l'exorde de leurs discours, la prétention de voir tomber celles des pays voisins, au premier attouchement des sels de la mine.

Les barrières des douanes ne s'élèvent que dans la vue de protéger la fabrication des produits indigènes, de maintenir le travail qui s'y emploie, et perçoit à chaque degré de la main-d'œuvre une parcelle du prix vénal, dont se sustentent des existences, dont il s'extrait une demande de denrées, une matière d'impôts, un élément d'épargnes.

Or, il n'existait en France que deux fabriques de sels : la fabrique des marais salans, qui, certes, ne s'opposait nullement à la concurrence des sels du Rhin ; et la fabrique des sources salées, qui apparemment réclamait la prohibition : car, autrement, la prohibition n'aurait été que l'effet d'un caprice ou d'une manie des bureaux.

Et pourquoi la réclamait-elle ? Parce que le maximum exhaussé par la loi se serait abaissé de force au cours du marché libre ; parce que le débit étant ainsi réduit au prix de six francs, au lieu de dix-huit francs, il n'y avait plus moyen d'acquitter les charges du bail, dont elle se rédimait par la différence entre le taux factice et le taux naturel.

Et quand la Régie réclamait la prohibition, ce n'était point dans son intérêt essentiel : car elle eût trouvé aussi profitable de payer deux à trois mille francs de bail avec un débit à 6 fr., que deux à trois millions avec un débit à 18 fr. La Régie réclamait en sa qualité d'ayant-cause de l'Etat ; et sur sa requête, l'Etat, faisant fonction de législateur, daignait accorder, à l'Etat tenant la caisse du trésor, tel acte qu'il semblait bon être.

Ainsi, qu'il soit question ou d'eaux salées ou de terres salées, en dernière analise, les barrières ne font office que d'un échafaudage, afin d'édifier la construction du bail des unes ou des autres.

En veut-on la preuve? Que les barrières soient rasées, et sur l'instant le cours du sel s'établit de 4 à 6 fr., et le maximum meurt sur le papier, et les millions du bail tournent à zéro.

Vive Dieu! Dans les meilleurs temps de la terreur ou de la tyrannie, on ne sait trop si le droit de propriété de l'Etat s'est jamais exercé en une manière aussi grandiose.

Mais le prix du bail est palpé, et sera palpé par le trésor. Bien pour le passé: car la Régie était intègre et habile. Quant à l'avenir, bien sot qui s'y fierait : car de mémoire d'homme et même de livre, en y comprenant les fermiers de la gabelle, qui semblent ressusciter, il ne s'est pas encore vu qu'une compagnie de traitans se soumît à remplir servilement une obligation qui lui deviendrait à charge.

Et quand même ce prix serait palpé en entier et à jamais par le trésor. Qu'est-ce donc que le trésor? La bourse commune de trente millions d'âmes, où dans cette occurrence vingt-huit millions ne mettraient rien, et deux millions mettraient tout; ce qui contrarie quelque peu l'idée commune qu'on se fait de la bourse commune.

Passons sur le fait, et venons au droit, si tant est que ce mot ait encore un sens. Un tel acte viendrait-il se targuer du pouvoir de la majorité? Prenez bien garde, ce pouvoir-là vous ferait voir du pays, et en avant et en arrière; et pourtant il n'y a à se montrer irrésistible, que le syllogisme qui en procède, toutefois si le principe est admis.

La mine appartient à l'Etat ou pour mieux dire est confiée à sa gestion, étant une propriété indivise entre ses trente millions de membres. Or, voilà que les parteners sont assemblés, voilà que l'acte est proposé avec ou sans exorde; et voilà qu'il est adopté, justement par les 28 millions qui en retirent pécule, justement contre les 2 millions dont s'extrait le subside. En voulez-vous de la justice.

Eh bien, vos barrières de douanes sont-elles renversées, mises au ras du sol ainsi que croulèrent les tours hautaines de Jéricho, de la cité du mensonge, devant les accens de la trompette de vérité ?

Non certes. Et vous êtes les maîtres, vous avez la majorité; on se soumet. Seulement par grâce, ne dites plus que l'Etat se conduit en père de famille en concédant sa mine aux enchères; ne dites plus que le prix de bail dont il va se nantir soit un prix de production, quand il est un prix de prohibition; ne dites plus qu'il y aura une exploitation des sels de l'abîme, quand il n'existera qu'une exaction d'écus de telles et telles bourses.

Mais vous arrêtez-vous là ? suivez plutôt la bannière du seigneur rapporteur à la Chambre des Pairs, dont voici le cri de guerre : « Le résultat « du bail sera de récupérer pour le trésor, *et sans* « *impôt*, les deux ou trois millions qu'il avait « perdus. »

Le *sans impôt*, occupe uniquement l'imaginative. Ce n'est ici que l'énoncé du principe, il faut le mettre en pratique et atteindre jusqu'à ses conséquences les plus reculées. Ou l'on se trompe fort, ou on doit bientôt parvenir au grand œuvre de récupérer pour le trésor et sans impôt, les 8 ou 9 cent millions de taxes actuelles, qu'il aura perdus tout de même, aussitôt qu'elles seront de même abolies, par un acte de son bon plaisir.

Or, n'y a-t-il pas outre-mer, quelqu'île de Corse, quelques débris de colonies, dont les habitans chôment de farines, de vins, etc... voilà notre affaire : vite, il nous faut transporter les barrières du Rhin sur les mers qui les baignent; vite, il nous faut mettre tous leurs ports sous le blocus de guerre le plus rigoureux, autant s'il se peut que celui des provinces de l'Est.

Est-ce fait? Nous n'avons plus qu'à concéder pour 99 ans, avec garantie de la permanence du blocus, à quelque compagnie, le droit et privilége, (mais non point le monopole, s'il vous plaît) de les approvisionner en ces denrées, bien entendu toutefois, sous une certaine cote de maximum, car qui sait où irait le prix; au moyen de quoi, nous l'Etat, agissant en père de famille et usant de sa chose comme tout propriétaire, nous obtiendrons clair et net, un bon et loyal prix de bail desdits preneurs.

Puis nous nous tiendrons aux aguets, observant si les blés par exemple, car l'opération serait bien meilleure que celle des sels, ne s'établissent pas dans des proportions différentes de prix entre les provinces de France; et sur-le-champ, le fait étant bien avéré et préalablement ayant mis le blocus par mer ou par terre, sur toutes les voies qui conduisent des unes aux autres, nous concédons de même et aux enchères, le droit et privilége, etc. etc.

Puis, car à faire trop de façon la besogne n'avance pas, et dans le fait c'est tout aussi juste dès lors que nous avons la majorité, soit de ceux qui parlent, soit de ceux que nous écoutons; nous donc l'Etat, nous concédons avec les mêmes précautions, le droit et privilége, d'acheter exclusivement et de débiter exclusivement, dans tout le royaume, telles et telles matières œuvrées ou non œuvrées, dont la note est ci-contre en appendix.

Le tout *sans impôt*, comme il a été dit ci-dessus.

RESUMÉ DES ECRITS SUR LA MINE.

Et qui donc peut encore être possédé du démon d'écrire ? Au moins si c'était dans un journal : l'article passe sous les yeux ; il n'y a pas de feuillets à tourner, car toutes les puissances de l'âme y échoueraient. Ainsi, pauvres auteurs, d'abord vous n'êtes pas lus, puis vous n'êtes pas compris ; et, par chance, si ces deux écueils ont été franchis, vous tombez aussitôt dans l'oubli.

Vous pensez droit, vous parlez vrai ; mais sur quoi ? Sur le sel de mine et de sources et de mer. Et pour qui ? Pour de vastes contrées, pour des plages industrieuses : à d'autres ! Comment coudre à ces sujets trop mesquins, des phrases retentissantes ? comment faire de l'effet ?

Et quant aux juges du camp, ont-ils donc besoin de documens ? Il y a eu un exposé, il y aura un rapport : c'est bien assez. Vit-on jamais un ministre qui trompe, une commission qui se trompe ? Et, après tout, tant pis pour eux : car c'est à la charge de leur conscience. Où sont les boules ?

Voilà justement comme les Etats vont ou s'en

vont ; voilà comment la question n'a été qu'effleurée à la Chambre des Pairs.

En doit-il être de même à la Chambre des Députés ? Il faut espérer encore ; il faut travailler du moins, et mettre sous ses regards le sommaire des écrits publiés sur la mine.

Le projet de loi sur la mine de Vic a été enfanté dans la poussière des bureaux, épousé de la main gauche par le ministre, enfin adopté au scrutin de la Chambre haute. A chaque époque successive de son existence, la discussion a dû changer et de forme et de ton.

Dans l'Etat de la question, sur lequel on reviendra bientôt, la matière a été traitée dogmatiquement, et d'un point plus élevé, sous des faces plus étendues, qu'il n'avait pu être soupçonné dans le projet.

L'examen du rapport fait à l'Académie qui y est joint, a été suivi du Coup d'œil sur l'exposé du ministre et de l'Analise du rapport fait à la Chambre des Pairs, dans lesquels on ose affirmer, bien qu'avec la plus grande modestie, car l'œuvre ne passait pas la force d'un enfant, que les trois documens officiels ont été réfutés ligne par ligne : chose, au reste, dont il y a moyen de s'assurer en un quart d'heure de temps.

Dans le Préambule de la discussion, on s'est attaché à reprendre une à une, et à confronter entre elles toutes les assertions et objections qui allaient être ou venaient d'être mises en avant dans le sein de la commission, autant qu'il a été possible d'en obtenir la connaissance.

Enfin, l'Historique de la loi a été conçu dans l'intention de développer l'origine, la formation, la nature et la fin du projet de loi, et s'est vu forcée, sous ces différens rapports, à appeler les personnes en scène, à les exposer en face des choses, afin de frapper le secret des combinaisons légales, de la lumière extraite des intentions privées.

Ces deux derniers écrits présentent en maints endroits de nouvelles preuves et des répliques nouvelles qui viennent à l'appui des notions et des conclusions fournies par l'état de la question.

Il reste à donner l'analise de celui-ci, qui s'occupe et de l'intérêt des marais salans et de celui des régions de l'Est, lesquels sont amenés ensuite à se rallier, à se soutenir mutuellement.

Sous ce premier point de vue, il est prouvé (pag. 38—47) que l'impôt actuel, en resserrant la consommation, leur donne droit à une indemnité en raison du dommage essuyé, et qu'à l'égard du projet de loi qui tend à aggraver leurs pertes, l'arrêt de la justice est porté en deux mots : « Si l'intérêt public n'y gagne rien, arrêtez-vous ; s'il en profite, indemnisez-nous. »

Puis on démontre (pag. 48—54), que la consommation, première branche de l'intérêt public, ne profiterait jamais que d'un cinquantième sur le prix vénal, par la réduction de moitié sur le prix local, et resterait soumise, par l'abandon des marais salans, à tous les risques inhérens à la mine de sel gemme

On démontre, (pag. 55-60), que la production, seconde branche de l'intérêt public, laquelle se résoud dans le maintien et l'accroît du travail qui s'y applique et en extrait des moyens d'existence, en souffrirait tout autant que par l'importation libre des sels de Liverpool.

Dès la page 15, il avait été établi que l'exploitation de la mine ne devait pas dépasser deux-cent cinquante mille quintaux, attendu qu'un excédant de trois cent mille quintaux n'apporterait au fisc qu'un bénéfice de 300,000 fr. et devrait enlever aux marais salans la totalité du produit net ou de la rente.

De cette série de vérités, auxquelles on ajoute page 51, que la France s'est toujours suffie, en fait des sels, il résulte qu'il y a beaucoup de motifs qui repoussent et pas un seul motif qui appuie le projet d'exploitation de la mine, sauf à l'égard de l'étranger et des fabriques chimiques.

Et il sera vu en outre (pag. 33),comment ce projet expose le fisc aux risques de la fraude, qui en même temps porterait un coup mortel aux producteurs soumis à la taxe.

Quant aux habitans de l'Est, l'exploitation de la mine ne les affecte proprement, qu'en raison de son mode, soit sous le rapport sanitaire, soit sous le rapport pécuniaire.

D'abord il est constaté (page 21), par les faits mêmes, que le sel gemme n'est employé nulle part avant d'être raffiné et épuré, étant de sa nature plus ou moins impur et insalubre; et (pag. 28) que la mine de Vic, inférieure aux autres mines, n'offre qu'une masse informe, où le triage du sel blanc est impraticable et dont les matières donnent, presqu'en totalité, de 11 à 47 centièmes de résidu, suivant l'analise qui se trouve page 82.

Et il avait été dit (page 19), qu'au moyen du prix exorbitant de transport, le monopole existait de fait dans ces régions, ensorte que les fermiers de la mine, dont le profit serait alors considérable, n'y débiteraient que du sel gemme, s'ils n'étaient astreints par le bail, à raffiner et épurer toutes ses provenances.

Sous le rapport pécuniaire, (page 61), un point de vue découvert dans la suite du travail, a été saisi et approfondi, de façon à jeter la plus vive clarté : La gabelle existe dans l'Est, l'Est supporte une taxe partiale et arbitraire. Le maximum au triple de la valeur réelle, le prix du bail qui s'acquitte à son aide, ne doivent plus avoir lieu. Il faut une régie pure et simple (page 66).

En écrivant ces dernières lignes, l'idée n'était pas même venue que le principe pût être contreversé, que le fait pût être méconnu : mais que ne peuvent les deux puissances absolues de la cervelle humaine; la routine qui dispense d'observer, la bêtise qui empêche de réfléchir.

On a donc été forcé de revenir sur ce sujet dans l'écrit actuel (page 27) : et maintenant on est en droit d'appeler toute l'attention sur *l'Historique de la loi* (page 20), où il sera vu comment la loi de deux lignes et de cent ans, doit entraîner un arbitraire intolérable; et page 29, où il deviendra manifeste que le ministre en la mettant à exécution, se rendrait concussionnaire, si la charte et le budget ne sont pas privés de sens

Comme ce point de vue est vraiment le point vital de la question, il ne paraît pas hors de propos de se résumer ici à son égard.

L'État est saisi des sources salées; des unes au moyen d'un vol ancien, des autres par la voie d'un dol récent : l'État se saisit de la mine qu'ont déterrée les inventeurs, non par la loi de 1810, non par aucune loi d'ordre civil.

Veut-il rester sous le coup de l'usurpation? Alors il est propriétaire à la façon de tant d'autres; alors il peut user et abuser de sa chose; alors il peut faire subir aux habitans de l'Est, le joug de la banalité : seulement à chaque pas il s'enfonce d'autant dans l'abîme de l'usurpation.

L'État veut-il légitimer la possession de la mine ? Ce ne sera que sous les auspices de cette loi politique et morale, qui l'autorise et l'oblige à exercer la police alimentaire et sanitaire : et c'est sous la condition *sine quâ non* qu'il ne supplantera pas les premiers occupans, dans la vue de pressurer les bourses, et d'empoisonner les hommes de même qu'eux.

Enfin, l'État veut-il s'apercevoir qu'il n'a d'être, qu'en ce sens, qu'il représente tous les membres de l'État, que ses soi-disant propriétés sont des propriétés de bourse commune ; que son prétendu droit de propriété n'est autre qu'un simple pouvoir de gestion.

Et pour lors, ira-t-il assembler tous les associés, tous les parteners, leur disant : « La majorité peut tout ; le nombre des boules compte seul ; et disant aux deux millions de Français de l'Est, vingt-huit millions de Français ont voté : ils y gagnent ; payez.

Ainsi l'État n'a nul droit d'infliger un prix exorbitant aux sels de l'Est : et, s'il l'inflige, ce n'est point à titre de propriétaire, mais au moyen d'une loi du fisc.

En effet, les fermiers s'acquittent du prix du

bail au moyen du maximum alloué à leur vente; et ce maximum se perçoit sous les cadenas des barrières de douanes ; et jusqu'à cette heure, les douanes étaient censées faire partie de l'impôt.

Qu'il n'y ait plus de douanes à l'égard des sels, aussitôt il n'y a plus de maximum, plus de prix de bail, plus de rentrée au Trésor, laquelle rentrée dépend donc essentiellement des douanes.

Qu'il y ait, au lieu de prohibition sur les sels, une taxe à leur introduction, combinée de sorte à élever les prix au taux du maximum, le pays supporte la même charge, le Trésor palpe la même recette, laquelle recette provient immédiament des douanes.

Et sauf la soustraction de la compagnie et de ses bénéfices, ce plan serait préférable ; réduisant les frais et les risques de l'impôt, fournissant des sels meilleurs et les vendant à raison des distances; compensant enfin, par le profit du transport, la somme de travail applicable à la mine.

Mais ils s'obstinent, ne voyant pas qu'ils seraient trop heureux de reconnaître le maximum pour un impôt; car, en pressant la vérité des choses, il y aurait moyen de prouver qu'il comporte, non pas une contribution, mais une confiscation. (*Etat de la question*, page 43.)

Ils s'obstinent, se confinant au droit de propriété, s'appuyant sur l'usage de sa chose, sans entendre que l'Etat n'aurait point à user ainsi de sa chose des sels, si son Sosie le fisc n'accourait à son aide, en usant de sa chose des douanes.

Et sans doute, car la bêtise est toujours conséquente : ils vont soutenir que la loterie n'est pas un impôt, que la poste aux lettres n'est pas un impôt, puisque l'Etat ne fait jamais qu'user de sa chose, pour l'une, de sa roue de fortune et de ses numéros de malheur, pour l'autre, de ses voitures, chevaux et postillons.

Et bientôt le produit des tabacs, des cartes, de la poudre, sera déclassé hors du genre des impôts, attendu qu'il dérive également de l'usage de sa chose, et malgré qu'à leur égard, cet usage n'est praticable qu'à l'ombre du monopole légal, ainsi que pour le maximum des sels de l'Est.

Or, quant à soi, on porte moins loin l'usage de sa chose en point de droit, et on porte plus loin l'usage de son esprit en point de fait.

Et on dit qu'il y a impôt sur les sels de l'Est, ou qu'il n'y a impôt sur rien et en rien; on dit que la loi en deux lignes, dans son texte qui seul fait foi, n'érige point cet impôt.

On dit que la loi avortera, à moins que le ministère actuel et les ministères subséquens ne se rendent coupables du fait de concussion et ne restent dans l'impénitence finale.

On dit que l'omnipotence parlementaire même,

n'est point en droit de conférer à tel et tel ministère, le pouvoir arbitraire d'établir, aggraver ou atténuer un impôt quelconque, fût-il le plus juste et le moins funeste.

On dit que le ministère n'aurait pas dû envoyer le projet de loi à la Chambre des Pairs; que la Chambre des Pairs devait se récuser, et que la Chambre des Députés devrait réclamer; le tout en conformité des art. 17 et 47 de la Charte.

Or, partant de là, la loi ne serait jamais une loi, en tant que le conseil et les Chambres auraient excédé leurs pouvoirs : la loi ne serait pas longtemps une loi, attendu que le fait de concussion est un cas pendable.

Partant de là, il est pris date de ce jour, et il est requis d'en donner acte, à l'effet de se pourvoir en temps et lieu contre les faits subséquens, devant qui il appartiendra.

Car à travers les épaisses et lourdes ténèbres dont est chargé le sol de la patrie, sous lesquelles tous les esprits sont en somnolence et toutes les consciences en léthargie, sous lesquelles chacun ayant perdu la trace, marche comme il est poussé, mortellement effrayé de la route qu'il tient et du chemin qu'il fait; soit qu'un éclair précurseur de la foudre vienne à percer soudainement, soit que le pur rayon de l'aurore vienne à pénétrer avec tant de douceur, quelque lumière ne peut manquer d'apparaître enfin: et aussitôt vont s'évanouir ces ombres de génie qui s'arrogent l'autorité, ces formes de sophisme qui simulent la vérité; aussitôt il sera aperçu et sondé dans ses noirs détours; cet abîme de désastres où tout allait s'engloutir!

ERRATA

DU RAPPORT FAIT A LA CHAMBRE DES PAIRS.

Deux erreurs sont échappées entre tant d'autres, au rapporteur de la commission, et ce qui est plus étonnant, elles ont été omises au relevé général qui en a été fait dans l'analise de ce rapport : en sorte que c'est ici un errata à double fin, applicable à chacun de ces écrits.

Page 2. Le Rapporteur suppose un bail de 2 millions et une vente de 500,000 quintaux; d'où il résultera à son dire, une surcharge de 4 francs par quintal, en outre des frais d'extraction à 2 francs.

Mais il oublie de porter en compte, le bénéfice qui serait effectué sur la partie des sels vendus au prix moyen du maximum, lequel donnerait une grande marge, pour vendre le reste au plus bas prix.

Supposons que ce prix moyen soit de 10 francs: il suffit d'une vente de 250,000 quintaux, pour payer le montant du bail et rembourser leurs frais d'extraction : tellement que les 250,000 quintaux excédant, ne seraient plus grevés que desdits frais, c'est-à-dire de deux francs selon lui et d'un franc selon d'autres.

Ce qui est bien différent, ou plutôt tout-à-fait contraire.

Page 5. « L'usage journalier que font de ce sel les ouvriers de la mine et la consommation qui s'en fait aux environs, n'ont donné lieu ni à des plaintes ni à des accidens. »

Eh bien ! que manque-t-il à cette assertion, qui sans doute a été prise pour constante à la Chambre des Pairs? Rien autre chose, sinon qu'il est défendu à la mine, de livrer et débiter ses sels dans un rayon de trente lieues, et qu'il n'y a moyen de s'en délecter, pour les amateurs, qu'en remplissant leurs poches en fraude.

Or les fraudeurs ne se plaignent jamais, pas plus que ne se plaignaient les voleurs à Sparte.

Et voilà cependant comment se font les lois!

PARIS, A. EGRON, Imp. rue des Noyers, n° 37

www.ingramcontent.com/pod-product-compliance
Ingram Content Group UK Ltd.
Pitfield, Milton Keynes, MK11 3LW, UK
UKHW021503260726
13993UKWH00004B/1543

9 782329 242187